POEMAS PARA UNA MUDANZA

ROCÍO ARAGONÉS MANZANARES

POEMAS PARA UNA MUDANZA

EXLIBRIC

ANTEQUERA 2022

ROCÍO ARAGONÉS MANZANARES

POEMAS PARA UNA MUDANZA

A mis cuatro puntos cardinales

*A veces el poeta
no sabe si coger la hoja de acero,
sacar punta a su lápiz y hacerse un verso
o sacarse una vena
y hacerse el muerto*

Gloria Fuertes

I

Un momento

Hace un momento
tenía sentido el ruido cotidiano,
sabía qué comería al llegar a casa,
las discusiones que nos acompañarían
a la hora del té,
los escaparates en los que me pararía
el día de tu cumpleaños,
las ciudades a las que iríamos en agosto,
quién recogería a los niños,
cómo buscaría tu olor en la siesta,
o trataría de no ir a esa cena
con tus amigos de siempre.
Pero me llamaron unos desconocidos,
para decirme
que hace un momento
ya no existe.

La vida quedó fuera

Todo se desintegra,
desnudos, asustados,
atravesamos una puerta blanca.
Los sonidos son extraños,
la vida quedó fuera.
El futuro se deshace,
el pasado se congela,
el presente se nos escurre
y nos cuesta respirarlo.

Solo nos queda: una cama,
una sonrisa que abriga el alma,
el roce de una mano
que trata de confundir al destino,
cuando la incertidumbre
reina en las sombras.

Mi equipo

Somos una orquesta que se afina
después de haber ensayado tanto,
como las citas puntuales,
o el engranaje de un reloj
que despega preciso.
Sincronizamos las miradas,
adiestrados en la prioridad,
en lo que ha de venir.
Tratando de prevenir
un derrame innecesario,
el olor del instinto disuelve las dudas,
ajustada la prisa,
agudizado el pensamiento,
hasta que el peligro
queda secuestrado,
lejos de aquí.

Dile a la vida

Dile a la vida que espere,
que no escape.
Quedan muchos inviernos para temblar.
Agárrala.
Desesperar no es la estrategia.
No pienses, cruza la niebla,
respira, confía,
custodia los tiempos,
El resto que queda vendrá.
No te adelantes.
Es una carrera de miedos,
un salto al vacío.

Mientras podamos engañarla

Dicen que la muerte es dulce,
a todos nos acaba seduciendo,
pero yo lucho contra su ternura,
robándole minutos al tiempo,
para que susurres tus alientos
mientras podamos engañarla.

Nos conformamos con la vida

Ahora es cuando afloran los recuerdos,
dormidos en el tercer cajón
de la cómoda del salón.
Eso que no dijiste,
eso que se te escapó,
el beso que no dimos,
lo mucho que te quiero
y lo poco que lo dije.
Cuando el viento se detiene,
surgen las miradas que cicatrizan,
los abrazos se tropiezan;
se disipan las diferencias,
la red se despliega
y empieza a sostenerte.
Lo que preocupaba ayer se desintegra.
Nos conformamos con la vida.

Las respuestas preguntan

Las preguntas suelen ser las respuestas
en tiempos difíciles de predecir.
Suerte si sabemos esperarlas de puntillas.

Como debería ser

No puedo entender,
ni quiero escuchar;
resistiré sus respuestas,
repetiré mis preguntas.
No quiero salir,
no me levantaré de la silla,
no sé si suplicarle o amenazarle.
No lo insinúe.
Ni me mire así.
No me toque.
Él no lo merece.
No puede estar ocurriendo.
No estamos preparados.
Quiere vivir, ¿lo entiende?
No lo sabe usted todo,
ni es tan lista como se cree.
Devuélvamelo.
Ahora.
¿Me oye?
Si no sabe qué hacer,
estudie, investigue, pregunte.
Todo seguirá siendo
como era,
como siempre,
como antes,
como tiene que ser,
como quiero que sea,
como debería ser.

Cuando la vida nos guiña

A veces, la vida pega un requiebro
sin poder predecirla;
baila consigo misma
y rodea el vaivén con sus contornos.
Se ríe de futuros pesimistas.
Sus propósitos, fuera de nuestros planes,
se hacen sus propias escaleras,
y ella, incoherente,
se burla de nosotros.
Es entonces cuando el tiempo,
en lugar de agotarse,
se estira y te guiña.
Ella se torna poderosa,
y en vez de ahogarse, flota.
Entonces, yo me inclino,
sonrío de reojo
y sé que está de nuestra parte.

Sabe la vida marcharse

Sabe la vida marcharse,
lo hace sin ruido,
no pide explicaciones.
Humilde,
recoge sus últimos latidos
y se va.

II

Mirando la línea
de unos labios

Tengo miedo de buscarte
y de encontrarte en cualquiera.

Bufandas melancólicas

Mezclándose bufandas melancólicas
con vestidos que esperan en las aceras,
llegó el otoño.
Sus marrones tintados sin identidad
traen las primeras lluvias.
Las agendas de las líneas del autobús
ya no resbalan;
los momentos se atolondran inquietos;
zapatos descalzos derrapan entusiasmados
con las blusas grises de los escaparates;
los colegios se enredan ajustados,
uniformes de martes, tardes de inglés,
lejano lo que nos quedó por hacer;
los semáforos siguen diferentes caminos
y el orden de los días sin caer.
Alérgicos a las contradicciones,
necesito anestesiar los sueños,
para tragarme la sonrisa
al borde de la necesidad.

Musas de las aceras

Mujeres de piel sombría,
cuellos etéreos y curvas de aire
se presentan ausentes, lejanas del ruido,
apartándose la prisa como si tal cosa,
ajenas al derrumbe de las certezas.

Las miro despacio con la niñez de la sorpresa.
Transitan el olvido y sus desaires,
pasean las historias que vuelven
como punzadas harapientas,
empujando el crecer de los robles
al ritmo de los amaneceres.

Son las musas de las aceras,
sábanas al viento.

La certidumbre de la sorpresa

Trampeo los requisitos de las jornadas,
la ruta del metro, el ámbar del paso de cebra,
como si el viento pudiera incorporarse a la rutina,
los pájaros volar en trapecios cóncavos
o el vapor mezclarse con aceite.
Los ritmos son infinitos,
la sangre que viene inevitable,
la valentía de no saberte
y la certidumbre de la sorpresa.

A pesar de todo, escuece

Desintegro los miedos que nos separan,
como si tenerlos fuera el absurdo protagonista
de esta historia que pretende despertarse.

A veces, la mesa camilla del salón no calienta,
ni las sombras se ponen de acuerdo para consolarme.
No es segura la llave de la puerta
y, sin embargo, sigo preparándote el té.

Percibía tus angustias sin ningún esfuerzo,
me adentraba en tus melancolías
tan parecidas a mis cenizas.

Será que estoy cicatrizando sola
aquello que nunca pude entender,
pero que, a pesar de todo, escuece.

Sin destino

No puedo acercarme a él,
porque me queman sus ojos si me miran
y me tiembla la piel si me acerca.

No puede acercarse a mí,
porque disimular se convirtió en imposible a mi lado
y tenía miedo de no poder engañarse más.

No podemos acercarnos sin llorar,
porque algo dentro de nosotros
se rindió desde el principio sin retorno.

El hambre que tengo

Habita mis ilusiones,
acompaña este mar revuelto
que no sé cómo desordenar.
El orgullo se me escapa en versos,
la complicación de tus saludos,
los arañazos inhóspitos de tus huellas,
conjugan mis palabras domésticas
con las golondrinas estancadas
y el hambre que tengo.

Disueltos

Vienen volando jaulas vacías;
los pájaros crecieron,
el hierro no los pudo contener.
Escaparon de un destino
que tú y yo no compartíamos sin ellos.
Decidieron irse.
Regresaron vacías,
sin almas que guardar.

Las espaldas del naufragio

Dicen las espaldas del naufragio
que queda mucho por resolver.
Cuentan historias deshilachadas
de principio fácil y mentes gastadas.
A veces, tiemblan los pensamientos
y pierden su color violeta.
Pero yo espero paciente
que la silueta reencuentre su sombra.
Así se sostiene la luz
que quema y asusta.
Y así, el terral se convierte en brisa
y seca tu sudor.

El olor

Hay quien deja de oler para siempre,
es peligroso.
Huele la guerra, la lluvia, el fuego…
Olemos.
Nos huelen.
Mi olor desapareció de casa,
tuve que salir para que me lo devolvieran.

Desayunos sin palabras

Recorrer desayunos sin palabras,
soñar las rutas de mis surcos y mezclarme.
Estudiar los huecos de tus sombras,
las cenizas de la lírica o los azules de tus párpados.
Tropezar por las arrugas de tu pantalón,
los entresijos de tus despistes
y el vacío de mi mesilla de noche.
Era tan fácil, tan fácil era,
que no podía ser cierto.

Acabándonos

Cada vez que soy infiel
sé que tengo que dejarte,
que tus besos ya no saben,
ni tiemblo como antes,
y seguir así no solo mata,
sino cansa.

Una orquídea efímera

Dejaste una orquídea
en el papel pegado de las paredes,
una bombilla nueva en la lámpara,
los cuchillos afilados,
el fondo de la cafetera limpio,
el olor de tu jabón en mi ducha,
las huellas de tus dedos,
el amanecer del domingo,
el azul de tus ojos en el desayuno,
el hambre de tenerme.

Dejaste un guiño al recordarte
y una lágrima en tu ausencia.

Un tacón pendiente
del tiempo

Hay un tacón pendiente del tiempo
que pasa por las cámaras del aeropuerto,
rendido en una bandeja,
esperando sonar en tu calle.
Hay un banco vacío entre hojas que caen,
esperando besos largos de domingos al sol.
Y habría un camino fácil
si las bandadas de las fronteras tuvieran clemencia.
Pero hace unos cuantos desayunos
la vida decidió reírse de nosotros,
la brisa que fluía entre tus rizos
ahora acaricia la manga de mi blusa.

Simple

Es simple,
progresad sin mí
vosotros, ausentes de miedos.

Es mi voz la que oigo
detrás de cada palabra,
llamándome.

El olvido, sucede

En un momento dejé de perseguirte.
Fue un día cualquiera sin nada previsto.
Las nubes tenían una forma imprecisa,
los olores no tenían ninguna época,
los silencios seguían el curso de los relojes.

Ese instante estaba quieta, aburrida incluso,
vacilaba entre levantarme o acostumbrarme,
seguía dudando antes de escoger la cerveza.
No era más fuerte ni más maravillosa,
ni siquiera sé si llevaba zapatos de tacón.

La mañana no sonaba diferente,
ni los besos estaban a punto de desbordarse.
Es curioso, no recuerdo qué sentía,
qué sueños fisgoneaban mis requiebros
o la temperatura del cristal
con que me asomaba al mundo.

Los sabores de las horas anteriores
dejaron de interesarme,
y la sed de los días siguientes
empezó a no aparecer antes de tiempo.
Quizás eso fue,
eso sería, sí,
simplemente que ya no estabas.

Entre tazas

Desayuno entre tazas vacías
lo que queda del café.
Conduzco sin acelerar los días
por carreteras inciertas que nos avisan.
El tiempo ronronea susurros entrecortados,
la televisión sigue puesta
y un cuello se rinde
en un sueño muy lejano.

El silencio

Una daga fina
que atraviesa conclusa la derrota,
así es el silencio.
Ni justifica, ni lamenta.
No abraza, ni consuela.
No se compadece, ni cicatriza.
Ni siquiera pide disculpas.
Inerte distancia que nos desaparece.

Una lágrima afincada
en el suelo de la cocina

Hay una lágrima afincada en el suelo de la cocina
que le da por salir en el café de la tarde.
Tiene sabor a líneas heridas
que no pueden cicatrizar sin ti;
huele a los sueños torcidos que nos desertaron,
a lo que no tuvimos el valor de nombrar.
Sabe atragantarse en los ojos,
luchando por no derramarse más.
Tuve que huirte por ella,
solo me quedaba una
y ahora la tengo conmigo.
La protejo de todos los verbos que me dijiste,
de no tener más que piel y ternuras sin norte.
Decidí dejar de ser un amor en puntos suspensivos
para ser un amor y punto.
Le supliqué a la soledad que me acompañara,
que no sabía sostenerme sola y se apiadó de mí.
Solo me quedaba una, la última,
la que algún día se atreverá
a derramarse sin tu nombre.

Descansar en el precipicio

Me cuesta sujetarme a la realidad,
esa que me ata a la tierra
y descansa mis sueños inconclusos.
Prefiero alcanzar hoteles desiertos,
moquetas azules de pasillos por recorrer.
Tendré que hacer un pacto,
frenar el deshielo descorazonado
contra el que me estampo aleatoriamente.
Esperar los días con su suceder
antes que inventar otro devenir.
Respira los momentos cuando llegan,
en vez de amontonarlos
con expectativas de primaveras rabiosas.
Es como andar dormida
por puentes de barro
que se escurren bajo las uñas.
Tengo que sujetarme a ella,
mirarla de frente,
poner mi cabeza en un costado
y descansar en el precipicio.

Entre la cremallera
y la niebla de los ojos

Dueños de un desnudo arañado,
insomnios de escaleras,
rellanos en los que descansar tiene un precio.
Los suburbios se camuflan discretos,
los bares cierran temprano,
calles recién mojadas,
aceitunas vírgenes,
pulgares escribiendo
en pantallas de teléfonos ansiosos
que tardan en contestar.
Vuelan los sueños perdidos
a cualquier hora del día.
Cajones ambulantes,
idiomas deshonestos.
No duele la multitud,
ni las ciudades dormidas,
sino el desorden que dejamos
entre la cremallera y la niebla de los ojos.

Prefiero bajarme

Prefiero bajarme,
hace tiempo que correr
es demasiado denso.
Construir no tiene tanto encanto,
contemplar se volvió hegemónico.

Prefiero parar,
rozar con los dedos el naufragio,
sentir que zozobrar funciona,
medir los secretos maquillados
y limpiar las medias verdades.

Prefiero un paseo
a un largo viaje explosivo,
contar las gaviotas,
a cazar calendarios,
el té de la tarde a la madrugada.

El punto de gravedad, maneja el equilibrio

Me asusta lo que te extraño,
cómo recuerdo tus manos
o miro tu foto y tiemblo.
Me resisto.
Creo que no estoy preparada
para volar de nuevo.
Dicen que las caídas
nos enseñan a amortiguar,
pero no encuentro
el punto de gravedad
que maneja el equilibrio.

Todas las horas del día

Llenabas todas las horas del día.
Tus palabras se encadenaban a cada paso que daba,
lo que hacías, pensabas, tus deseos, sueños,
pistachos, lágrimas, susurros, canciones.
Todos los cuadernos subrayaban mis manos,
cada ternura de tu boca acababa en la mía,
y se relamían.
No había distancia.
Apegados.
Era antes de despuntar y bien entrada la noche.
Sabía de tus agendas, de tus contratos,
del pésame de tus amigos muertos,
del discurso de tus premios,
los dibujos de las portadas,
la herencia, los desacuerdos,
las fotos de tus caras en el baño.
Llegué a confundirme tanto
que tu nombre se paseaba por todos mis versos,
y así, creyéndome amor,
acabé perdida.

Miradas desparramadas

Rompiste las miradas,
la música que intentaba enlazarnos,
los abrigos encontrados en las aceras,
los celos cambiados de sitio,
origen de nuestra suerte.

No sé, a lo mejor me esfuerzo en balde,
recorro los cojines del salón,
esos que compramos en el museo
minutos antes del ocaso,
en las calles de Viena.

Cómo me gustaban tus charlas;
no por escucharlas, sino por interrumpirlas,
suavemente, sujetando tu mandíbula,
cambiando de tercio la cerveza,
desparramados por los callejones
con los dedos mezclados en tus bolsillos,
como si tal cosa.

¿Quiénes éramos? No sé qué contestarnos.
Desnudar las miradas es infrecuente,
por eso los aeropuertos me llevan a ti,
las butacas de los teatros,
el asfalto navegable de los balcones,
la voz perdida.

Ya no estás

Confío en que desaparezcas,
en que puedas volver como te fuiste
sin que eso sea un cataclismo o un anhelo.
Detrás de mis palabras,
hay un corazón que no se sujeta
a razones ni fotocopiadoras.

Confío en que me traiciones,
que nunca cumplas tus palabras,
que me desestabilicen tus silencios
y, rota en tus contradicciones,
yo siga en pie.

Algún día me quedaré quieta,
escuchándote en este sin sentido de no verte.
Confío en que el destino me aclare para qué viniste,
perderte hasta encontrarme de nuevo
en otros ojos más honestos que los tuyos.
Confío, porque no tengo otra cosa que hacer,
porque no tiene remedio
y ya no estás.

Migajas de una cama

Te fuiste un día temprano,
sonaban las voces de la calle,
rozaba el viento la azotea
y temblaba el agua del cazo.
Idiomas que el cuerpo aprende
a la orilla de la nada,
entre el vacío de una copa
y las migajas de una cama.

Paralelos los raíles discurren

Te recogía en la estación,
sentada en cualquier silla gris,
esperando tiempos metálicos
que nos enredaban entre remolinos de café.

Te sonreía sin que estuvieras,
como si fueras a venir a verme,
cuando no habías olvidado mi nombre.
Sobres arrugados de azúcar
siguen acampados en mis bolsillos.

Días de ilusiones inciertas,
pasos desacompasados, rutas por inventar,
cuando recordabas mi olor violeta.

Paralela a los raíles te pienso
mientras cuchichean los vagones
a mis espaldas desprevenidas.

¿Confluirán los sabores de tus besos
en otros labios más meritorios?
Los míos quedaron descarrilados
sin volver a verte.

Memorias de papel

Sé que estuviste,
aunque no lo recuerdes.
Nos vi lejanos,
en el hastío de otras vidas.

La soledad a tu lado

La soledad a tu lado
está más muerta,
más ahogada,
más dándome bofetadas,
menos discreta.

Sin darse cuenta

Dormía tan a menudo a mi lado
que cuando desaparecí,
no supo cómo despertar.

III

El olor de las miradas

Despertarás los demonios,
descolgarás los principios,
y desatarás las certidumbres abrochadas
para volver a empezar.

Una mezcla imprevista

La magia es tan menuda
que traspasa los paraguas
para entrar sigilosa por cobrizos caídos.
Es la sombra de una cortina
que se sienta en un rincón del sofá,
con abrazos de palomitas
rodeando tus espirales.
Conecta los ojos que se tocan
unos segundos indebidos
y decide revestirlos.
Si hay que explicarla, se derrama.
Hiberna en el fondo de los cajones,
espera la primavera de los domingos
y se escapa de puntillas para no volver.

La prisa

Cuando la prisa
acelera mis ventanas,
decido ducharme;
enjabono los restos de mis temores
y procuro cantar.
A ella le gusta.
No espero que me pida permiso,
ya discutimos varias veces
y, entre risas, estiro los dedos de los pies.
Amenaza con seducirme,
así que la dejo que venga cuando quiera,
aunque procuro sujetarme.
Serán las primaveras despeinadas,
la primera vez que te besé en el coche
o el pringoso sudor que me dejó sin habla,
desnuda en la prisión de tus ojos verdes.

Ya ves, un privilegio tenerse,
en privado,
sin mucho preguntar,
sin nada previsto.

Prívame de tus susurros y ella se irá,
priorizando a los locos chamuscados,
esos que saben amar.

Las nubes comenzaron
a bailar tango

Dejé de controlar el vuelo de las mariposas
y las nubes comenzaron a bailar tango.
El día que desistí fue el mismo
en el que todo empezó a aparecer.
Justo cuando el rumbo se desparramaba,
mis horquillas señalaron el norte.
Se mojaron todos mis principios
y empecé a entender el color de tus pupilas.

Me atreví,
y hubo un segundo tan denso
entre lo que me inventaba y lo que sucedía,
que la realidad aplastó mi swing
y, por fin, descubrir que podía llorar.
Cuanto menos sabía, mas bajaba,
mientras más me estampaba
contra la taza del desayuno,
más guapa y despeinada estaba.
La moralidad y la vergüenza
dejaron de secuestrarme.

Fue la primera carcajada la que me desnudó
y, a pesar de todos mis secretos,
jamás volví a vestirme.
Dice que soy más honesta así. Ella sabrá.
Esa misma semana te fuiste,
aunque ya te habías ido,
aunque siempre supe que no estabas
y había intentado echarte miles de veces de mi cocina.

Y aunque nunca tuvimos sentido,
siento tanto que te fueras
que no sé si hacerme un chocolate caliente
o una taza de té.

Empezar

Me descubrí un día que no tenía espejos,
el pasado se fue de crucero al Báltico
y el futuro andaba preocupado
con cuentas sin resolver.
Sin más previsiones que merendar,
me encontré.
Estaban las puertas entreabiertas,
las ventanas limpias
y el suelo no resbalaba
más que antes de ayer.
Allí estaba yo,
tan bonita como solías decirme
cuando te apoyabas en mis ojos;
tan delgada como solía estar,
ni más ni menos.
Y la vida se sentó conmigo;
movía la cucharita del café,
repiqueteaba la mesa con uñas rojas,
sonaba la última canción de Dry Martina

y, sin pensar mucho, canté.
No sé si a ti te pasa,
pero las cosas importantes
suelen desaparecer sin avisar.
Así que me levanté a bailar.
La cadera ronroneaba frente al frigorífico
y el pelo se enredó en la hierbabuena.
Despreocupadamente ocupada,
sentí mi nariz contra la encimera.
Se acabaron las excusas, las razones,
los porqués y la falta de pantalones.
Ahora estaba bien. Era guapísimo.
La vida le había echado el ojo para mí,
sabía que con él acabaría enamorándome
irremediablemente de mí.

Los lunares suelen
ser discretos

Los lunares suelen ser discretos,
salvo el mío.
Suele esconderse en la entrepierna,
cerca de lo innombrable
para verte mejor.
Si llegas embravecido, sin avisar,
con las venas dilatadas y llenas,
se pone gafas.
Dice que así no mira,
que entre lo ordinario y lo extraordinario
apenas hay un susurro,
y que yo me lo merezco,
que si no puedes más, aguantes,
que amenaza con darse la vuelta
y echarse a dormir.
Y ya sabes cómo es él.
Taciturno y juguetón,
quiere que lo rasquen cuando tiene sueño,
cuando algo le escuece, canta,
porque gritar no le gusta.
Y dice que si tiene que gritar o repetir,
mejor se calla y se va.

Cuando las sábanas
han sido derrotadas

Nos fuimos justo a tiempo,
cuando las sábanas habían sido derrotadas,
los abrazos respirados
y el sudor nos envolvía tranquilos.
Justo cuando el secreto asomaba por salir,
nos fuimos discretos;
la mirada furtiva y un beso sin entender,
como suelen empezar los recuerdos.
Amanecimos en el silencio de la ventana,
tímido entre montañas.
Bostezamos antes de entrar en el autobús,
veíamos las gafas oscuras reflejadas en el cristal,
cerrábamos las piernas, el escote
y las ganas de montarte otra vez.

Mila

Dicen tus tacones
que ya no suenan como antes.
Dicen que desde que pisas calles asimétricas
ya no te paras en los mismos ascensores.
Dicen que te diga
que están imperturbables
desde que no saben adónde van.
Que cuando corres,
ya no tropiezas
y que si cruzas las piernas,
sonríes.
Saben demasiado,
quieren que los compres,
que te has parado tres veces delante
y que el cristal del escaparate
pregunta tu nombre.
Dicen que mirarte desde abajo
es un seísmo irresistible
y que los dos prefieren el rojo.

Y date cuenta de que si se descuelgan,
empiezas a entender qué sucede
en la isla de tu piel.
Se han prometido entre ellos
que aunque te hagas la indiferente,
siempre van a resbalarse
si él te mira de frente.

Trataré de sobrevivirte
Cambiarlo en el óndice

Trataré de sobrevivirte,
de no derretirme,
que no derrape el sudor si vienes,
disimular las esquinas de mis latidos
punzantes y rabiosos.

Trataré de no entregarme,
la risa llenará las tazas del desayuno,
los besos empujarán por salirnos.
Cada vez que me veas,
el temperamento de tu reloj tendrá que distraerse,
porque no tenemos remedio.

Es inútil, solo puedo sostenerme,
porque ya sin saberlo me rendiste,
no puedo controlar el deseo de saberte,
no hay mañana que no te piense,
ni noche en la que no me corra contigo.

Ya ves, no ahogarme en la impaciencia
será un reto cotidiano
y no pertenecerte,
la batalla diaria para no desaparecer
en esto que siento por ti.

Esos cuerpos que te despiertan las entrañas

Y digo yo
que la vida es una inconstante
que te deja tirada cuando menos te lo esperas
y la muy zorra no vuelve.
Así que mírala de frente
con la cabeza muy alta,
porque es traicionera.
Si la sombra apuesta fuerte,
ella se deja ir, no se quedará contigo
más allá de sus planes.
Así que es mejor
que estrujes los tuyos,
los metas bajo los troncos
y que ardan bien.
Deja de lamentarte,
no por eso te escuchará más.
No estaría mal
que gobernaras tus deseos
y abrazaras esos cuerpos
que te despiertan las entrañas.

Imprescindible

Hay un billete de tren a ninguna parte
que todos deberíamos coger.
Ese descarrilar de pieles
que no se comparte,
que nadie comprende
y que alguien te contó una vez
que es imprescindible.

Tus rodeos

Si no has merendado con el caos,
regálate otro cuento.
Fúmate lo que otros escriben
mientras ordenas las estanterías.
Compra chistes
y ríete de los vinos ajenos.
Esto no está hecho para ti,
que solo te desnudas en la ducha
y mentir es tu idioma cotidiano.
Desaparece.
Justifícate.
Enrédate en discursos similares,
cruzados los brazos.
Fuera.
Aquí hemos venido a ser tocados,
el precio es no saber salir,
tener que bucear
y mojarse.

Sé que las cortinas guiñan, cuando decides entrar

Hay un relamer
que está divagando
entre el quicio de tu rodilla
y el alféizar de tu hombro,
ese en el que me gusta
contemplar el oleaje
antes de que demorarse
sea un deporte de alto riesgo.

Alto riesgo

Quiero cicatrizarte,
desenredar nuestros miedos,
reconocerte,
husmeando cada esquina de tu cuerpo.
Déjame que te añore,
que desordene mi vida por ti,
quiero colocarte en mi cadera,
balancearte, explorarte, aprenderte.
Morderte si hay hambre.
Arrancar la libertad que desentierra
los animales que llevo dentro
y amordaza la vergüenza en los cajones,
triturar los juicios que nos vendieron.

Vuélame alto

Vuélame alto,
o no te perdonaré ningún rasguño,
no me detendré cuando mientas,
ni sostendré tus vaivenes.
Volar sin sentir claustrofobia,
sin esperar las grietas.
Los resquicios nos vencen,
oxidados recuerdos nos definen,
volémoslos por la dignidad de este momento,
y que no se nos ocurra suponer,
o sucumbiremos.

Una hoguera encendida

Hay una hoguera encendida
hechizada de flaquezas,
ebria, latente y discreta,
que poco a poco boza.
Dile a tu voz que me espere
vestida de un rojo susurro.

Perderte comienza a ser posible

Ya me enfadaste,
no hay vuelta atrás:
el círculo que nos empieza a contener
ha comenzado a cerrarse.

Ya me doliste,
solo temblaba, y ahora
perderte comienza a ser posible.
No puedo esconderte
en los momentos del día.
Pretendo encontrarme,
predecirme inútilmente,
fisgonearme,
pero, a pesar de todo,
la noche te encuentra.

Mientras aparecías

Aparece el blanco justo en su momento,
tras las faldas que volaron
y las cremalleras que no supieron abrirse a tiempo.
Cuando el resquicio de la puerta
dejó entrever el vaho desatento,
te colaste.
Esperando sueños guardados,
quise encontrarte, mientras aparecías.

Decir tu nombre

Quiero decir tu nombre
en el borde de augurios que se afilan,
entretenida en la escalera,
hasta que la ropa se rinda en la alfombra.

Quiero decirlo mientras crece un tiempo
tan libre como impreciso,
ese que acontece entre sábanas,
mientras la esponja celosa nos llama
y las paredes esperan su turno.

Incendios

Empieza a contar los incendios
que, despilfarrados en tus escalones,
nos esperan.

Dile a tu sombrero

Dile a tu sombrero que voy a elegirlo yo.
Sí, díselo pronto,
para que luego no andemos
en discusiones avinagradas.
Que sepa que no puede decidirse ya sin mí,
no porque me empeñe en algo
tan inverosímil como infrecuente,
sino porque inevitablemente
ha llegado el hambre.

Velando un beso

Nos encontró.
Íbamos despistados,
alternando entre la melancolía
y la desidia;
los libros amontonados en el dormitorio,
las cortinas arrugadas,
arañazos en la vajilla
y los grifos por desatorar.
Necesitando caricias anónimas,
decidió acampar y dormirse.
Y aquí nos tenemos,
velando un beso.

¿Cenamos?

No es que quiera que me mires,
es que mi escote quiere cenar contigo.
Lleva tiempo queriendo conocerte,
desde que mis dedos se pasean
por mis huecos pensando en ti;
prefiere los tuyos y no lo culpo.

Los botones se desabrochan solos
cuando te acercas,
no quieren problemas con él.
Es menester que os presente,
y así vosotros vais conversando,
tanteando los tiempos,
limando malentendidos
y escribiendo guiones.

Sé que no se atreve a decirte
que quiere que lo visites primero,
antes que a nadie,
y que ya se han puesto de acuerdo entre todos.

Dice que si bajas, te olvidas,
y lamentándolo mucho,
y sin que sirva de precedente,
que tú sabes que yo
en la mayoría de los vaivenes soy neutral:
tiene razón.

Dame un motivo para quedarme

Dame un motivo para quedarme,
solo uno cada día;
no los agolpes, que se me atragantan
y después no nos duran.

No te agobies,
que la presión de las historias previas
no nos quite quienes somos.

No pretendas;
es más fácil equivocarse,
tramitar los errores
y dejar que yo te deletree mi nombre.

Ya existimos,
nos visitó la extraña alegoría del rojo
y sabes que el destino ya se ha quebrado.
Así que vira tus rutas,
que los viajes están por descubrir.

La espalda

No me des la espalda.
Arráncame las gotas de sudor de las clavículas,
parpadea mientras intento mirarte,
silencia mis espinas o frunce mi ombligo,
pero no me des la espalda.
Si olvido besarte, dúchame.
Recuérdame los aguaceros sin paraguas,
los ascensores eternos,
los ojos de los gatos,
el desembocar de las arrugas
o la prisa que envuelve el olvido.
El fondo de mi piel en tu sombra,
tus piernas, tu cordura, tus secretos,
lo que cabe en nuestro amor de mermelada,
pero, por favor, no me des la espalda.
A veces, tardo en dormirme,
mis ruidos se enredan en batallas neutras,
soporto enemistadas oxidadas,
los mensajes fueron impertinentes

o la prosa saltó de las azoteas
entre heridas, disturbios y trenes domésticos.
No supe qué decirte
y no sé mendigar el beso que guardas;
por eso, cariño, no me des la espalda.
Nada me es tan extraño
como que me des la espalda,
sin tus labios, sin tu rostro,
sin los botones de tu camisa
o la cremallera que me enferma,
sin el azul con que me miras,
ni tu aliento de intemperie.
No escucho tus susurros,
siento un muro gris, vanidoso,
brillante, lejano, erguido,
lleno de abandono desnudo.

A no ser que me busques de espaldas,
que quieras atardecer empapado
en la línea que dignifica el borde de tu piel,
o que en el laberinto de tu nuca
me quede esperando entretenida tus ganas.
Si es así, dámela.
Dame cuando quieras tu espalda.

IV

Carta a mi corazón

Me olvidé de ti. Me dediqué a ser fuerte, a conseguir lo que otros esperaban de mí; me dediqué a destacar, a demostrar que valía. Perdóname. Creía que si hacía por los demás, iban a quererme más, me darían la ternura que necesito y cuidarían de mí. Me equivoqué.

Te obligué a aguantar, a sostener, a no pedir, a poder con todo, a esperar, a no necesitar. Lo siento. El miedo se apoderó de mí, no quería que te hicieran daño y te escondí. Construí murallas y te encerré. Entre los demás y tú, ganaban ellos; no te preguntaba si estabas disponible. Te transgredí para que no se fueran, para que siguieran a mi lado con tal de no sentirme sola. Perdóname.

No te dejé llorar, no te dejé sentir, ni te pedí perdón. Me esforzaba en hacerlo bien, como si yo supiera, como si conociera lo correcto, como si hubiera un camino único, inequívoco. Quise que fueras feliz a su manera, que tuvieras los amigos correctos, que quisieras al hombre adecuado, la familia perfecta, el trabajo útil para todos, sin escucharte, sin escucharnos. Perdóname.

Si te cansabas, te entrenaba. No te dejé descansar, ni jugar. No me reí contigo, ni acaricié por las noches el sonido de tu voz. No me senté a la caída del sol a escucharnos, ni te consolé.

Pero a pesar de mí, empezaste a sentir, a escribir, para que pudiera enterarme de cuál es nuestra verdad. Y empezaste a decir: «no quiero esto» (y yo me sorprendía), «no puedo hacer esto» (y yo te cuestionaba), «quiero irme de aquí» (y yo trababa de convencerte), «no necesito tanto» (y yo me asustaba), «no sé la respuesta, ni tengo por qué saberla» (y yo dudaba). Porque a ti no te importa equivocarte, ni pedir, ni que te rechacen, ni rechazar. Y descubrí que la fuerza que creía haber perdido la tienes tú. Porque tú sabes lo que te duele, lo que te enfada. Sabes lo que quieres, lo que necesitamos.

Gracias por hacerme soltar; por llevarme donde nunca pensé que iría; por despeinarme; por bañarme en el mar desnuda; por enseñarme cómo es el amor y por susurrarme que me lo merezco. Gracias por enseñarme a confiar en mí, por soñar conmigo. Gracias por transformar esta familia maravillosa en un hogar donde se puede llorar y reír, donde nos enfadamos, nos abrazamos, bailamos, nos equivocamos, nos pedimos perdón y no pasa nada.

Gracias, corazón. Te amo.

Carta al COVID-19

No sabía que ibas a ser el protagonista de nuestras vidas, que ibas a desertizar las calles, que prohibirías los abrazos, y que hacer el amor se convertiría en un acto de locura. No sabía que la humanidad era tan vulnerable hasta que llegaste tú, ni que te erigirías delante de todos a retarnos en un duelo y nosotros estaríamos en primera línea de fuego.

No me podía imaginar hace apenas un mes que discutiríamos por ti, que llegaríamos a nuestro límite, que sacarías nuestros peores fantasmas y, creyendo no encontrar la Salida, acabaría llorando en el suelo del cuarto de baño. Tampoco sabía que me levantaría y empezaríamos a buscar soluciones.

Tengo que reconocerte que empiezo a ver el valor de cada una de las cosas que hasta ahora simplemente estaban ahí: mascarillas, guantes, batas, fármacos, respiradores, sueros, sedantes, camas… Todo es imprescindible ahora.

Vienes a enseñarnos que cada uno de nosotros es un eslabón que sostiene al siguiente. Cuando apareciste, tuvimos que cicatrizar todas nuestras diferencias y coordinarnos sobre la marcha, sin tiempo. Para sobrevivir al cambio hay que surfear, y surfeamos juntos. En los días difíciles todo mejoraba cuando nos apretábamos las manos, pero nos separaste dos metros y nos robaste los abrazos del 20 de marzo.

Nunca había sentido tan cerca a mi equipo, hasta que llegaste tú. No tenemos precedentes de ti. Apenas una experiencia lejana, en China. No te entendemos bien: cómo entras en nuestro cuerpo, cuándo decides irte, por qué unos empeoran y otros no. Hemos dividido todo en dos equipos: uno para ti y otro para el resto. No podemos contagiar, ni contagiarnos, ni dejar que se contagien. Algunos se van en casa y el resto tenemos que trabajar el doble y el tripe.

Como una serie de terror, con guionistas borrachos poniéndonos zancadillas en cada capítulo, donde los quirófanos pasan a ser camas de UCI, las máscaras de buzo sustituyen a los respiradores y nos traen cascos de soldadores para protegernos de ti, no sabíamos que podríamos reinventarnos, hasta que llegaste tú.

A veces, te sueño con un largo vestido rojo, paseando entre nosotros, y otras, con uniforme militar, bigote negro y escuchando tus zapatos por los pasillos. Pero eres invisible, y mucho más inteligente. Estás dentro para convertirnos a todos en sospechosos. Nuestros padres, aislados; nuestras casas, desordenadas; nuestros hijos tienen que arreglárselas solos, y el abrazo de mi madre se ha convertido en una meta.

Lo que más me cuesta es que prohibieras las visitas y que las familias no pudieran despedirse. Eres cruel. Sabemos que algunos se irán: el padre de, la mujer de, el hermano de, la tía de…

Podemos ser cualquiera. Pero ¿sabes? Algún día volverá el verano. Eso se te escapó, el verano.

Cada día nos reunimos para hacerlo mejor que ayer, los fallos se asumen y se corrigen las estrategias. La ciudad se desvanece en aplausos, se niega a parecer deshabitada. A las ocho acude fiel a su cita y a mí se me anuda la voz. La emoción se había convertido en el nuevo idioma. Hiciste que las discusiones desaparecieran. Ya no hay fisuras entre nosotros. Sonreímos con los ojos, ayudamos a otros hospitales.

Los niños regalan dibujos; los artistas, conciertos; el humor se derrama por los teléfonos; las ganas de abrazar rebosan por las ventanas; las palabras son tiernas, los «te quiero», los «recupérate», «nos vemos pronto», «cuídate, por favor». Ya queda menos. Nos regalan cientos de flores y palmeras de chocolate. La vida regresa para decirnos quiénes somos.

Porque el amor sutil, invisible, difícil de definir, se puso de nuestro lado desde que llegaste tú.

Málaga, mayo de 2020.

Índice

I 11

Un momento...13

La vida quedó fuera 14

Mi equipo 15

Dile a la vida..16

Mientras podamos engañarla 17

Nos conformamos con la vida..18

Las respuestas preguntan...19

Como debería ser 20

Cuando la vida nos guiña...21

Sabe la vida marcharse 22

II..23

Mirando la línea de unos labios 25

Bufandas melancólicas 26

Musas de las aceras 27

La certidumbre de la sorpresa..28

A pesar de todo, escuece...29

Sin destino...30

El hambre que tengo...31

Disueltos..32

Las espaldas del naufragio 33

El olor 34

Desayunos sin palabras 35

Acabándonos 36

Una orquídea efímera 37

Un tacón pendiente del tiempo...................................38

Simple 39

El olvido, sucede 40

Entre tazas 42

El silencio 43

Una lágrima afincada en el suelo de la cocina.......................44

Descansar en el precipicio 45

Entre la cremallera y la niebla de los ojos............................46

Prefiero bajarme 47

El punto de gravedad, maneja el equilibrio 48

Todas las horas del día 49

Miradas desparramadas..50

Ya no estás..52

Migajas de una cama 53

Paralelos los raíles discurren..54

Memorias de papel 56

La soledad a tu lado...57

Sin darse cuenta 58

III 59

El olor de las miradas 61

Una mezcla imprevista 62

La prisa...63

Las nubes comenzaron a bailar tango.................................64

Empezar 66

Los lunares suelen ser discretos 68

Cuando las sábanas han sido derrotadas 69

Mila..70

Trataré de sobrevivirte Cambiarlo en el óndice 72

Esos cuerpos que te despiertan las entrañas........................73

Imprescindible 74

Tus rodeos 75

Sé que las cortinas guiñan, cuando decides entrar.................76

Alto riesgo........................77

Vuélame alto 78

Una hoguera encendida 79

Perderte comienza a ser posible......................80

Mientras aparecías 81

Decir tu nombre......................82

Incendios........................83

Dile a tu sombrero 84

Velando un beso 85

¿Cenamos?........................86

Dame un motivo para quedarme......................87

La espalda 88

IV 91

Carta a mi corazón 93

Carta al COVID-19......................95

Sobre la autora

Rocío Aragonés compagina la escritura con la medicina intensiva, que ejerce en su ciudad natal, Málaga. Colabora desde hace más de una década con la Editorial Panamericana, con la que ha publicado varios manuales de medicina y dirige formación posgraduada.

Se recuerda siempre escribiendo. Comenzó su aprendizaje de técnicas literarias en la escuela Escribe, en la que cursó tres años, para después continuar en la Escuela de Escritores de Madrid. Además de poesía, escribe relato corto y teatro.

Convencida de que el arte puede curar, se formó como arteterapeuta en la Escuela El Caminante. Acto seguido, profundizó en el estudio del eneagrama de la personalidad en el programa SAT de la Fundación de Claudio Naranjo y en la Escuela de Liderazgo del IESE.

Participa en recitales poéticos y tertulias; colabora en programas de radio y televisión como invitada en el entorno cultural,

y forma parte de la compañía de teatro semiprofesional TeatRe-
fugio. Sin duda, es una viajera incansable y enamorada del arte
en todas sus expresiones.